ORTHO Fiches

de Val'Ortho

La magie des 4 saisons

RETZ
editions-retz.com

Compétences

LANGAGE ORAL & PRÉREQUIS

ATTENTION ET DISCRIMINATION VISUELLES

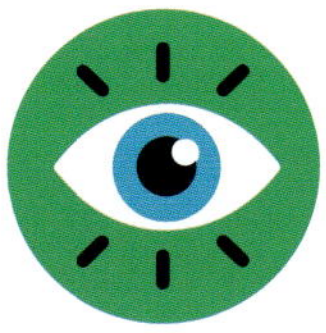

CONSCIENCE PHONOLOGIQUE

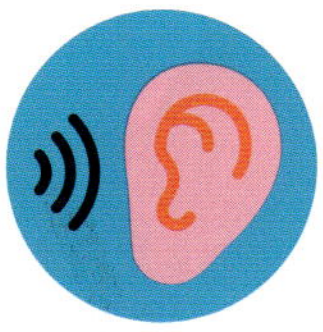

LEXIQUE

COMPRÉHENSION

LANGAGE ÉCRIT

LECTURE / IDENTIFICATION DES MOTS ECRITS (IME)

ORTHOGRAPHE

Édition : Joëlle Gardette
Relecture : Maëlle Muracciole
Création couverture & intérieur : Lauriane Tiberghien
Réalisation : Lauriane Tiberghien, Isabelle Vacher
Corrections : Bérengère de Rivoire

Illustrations couverture : © IStock
Illustrations intérieur : © IStock sauf © Shutterstock : p. 17, p. 19 & p. 20-21 (épouvantails) ; p. 34-35 & p. 47 (assis sur luge + skieur, patineur) ; p. 34 & 47 (3 sapins) ; p. 44 (sapin, hotte, écharpe, sucre d'orge, lettre)

ISBN : 978-2-7256-4360-1
Dépôt légal : juillet 2023
Code éditeur : 373334

N° de projet : 10296376
Achevé d'imprimer en octobre 2023 chez GPS

Ce livre est imprimé sur du papier issu de forêts gérées durablement.

Bienvenue dans *Les fiches de Val'Ortho La magie des 4 saisons* !

Cet ouvrage est à destination des **enfants en difficulté d'apprentissage** et, plus spécifiquement, des enfants porteurs d'un trouble développemental du langage oral (**TDL**) et/ou d'un trouble spécifique des apprentissages avec déficit de la lecture et de l'expression écrite (**TSLE**).

Il est composé de 92 fiches, conçues sur le même modèle que mes créations, partagées sur le groupe Facebook Val'Ortho à destination des orthophonistes et des logopèdes.

Elles sont ici réunies au sein d'un recueil afin d'avoir accès, en un clin d'œil, à un matériel clair, structuré, efficaces et ludiques. Huit sont accessibles au format pdf sur la fiche ouvrage (www.editions-retz.com).

Ce recueil est organisé autour des **4 saisons** et des **compétences du lire-écrire** :

- Langage oral & prérequis : attention et discrimination visuelles, conscience phonologique, lexique, compréhension.
- Langage écrit : lecture/identification des mots écrits (IME), orthographe, compréhension.

Ces différentes compétences sont ainsi abordées de manière spiralaire saison après saison. Elles sont identifiées sur les fiches par des pictogrammes (voir p. 2) et des couleurs de bandeaux.

Pour les enfants, cette **logique chronologique** permet de travailler en harmonie avec leurs intérêts du moment (changement de saison, vacances, fêtes d'Halloween, de Noël...). Elle les aide également à mieux se situer dans la temporalité et à mieux structurer l'espace-temps avec le lexique adéquat.

Pour l'adulte, le repérage clair des compétences travaillées dans chaque fiche permet de proposer un contenu adapté.

Il est également possible d'utiliser les fiches en décalage (anticiper une fête, rêver du soleil de l'été en plein hiver, se rappeler des événements passés...). Tout est modulable ! L'idée n'est pas, bien entendu, d'utiliser ce recueil de manière linéaire, mais d'y trouver ce dont vous avez besoin avec chaque enfant au moment opportun.

À noter que d'une saison à l'autre, la trame suivie est similaire, plutôt progressive – suivant les difficultés et les progrès des enfants – avec quelques variations.

Le tableau-sommaire à double entrée (p. 6-7) vous permettra de trouver facilement la fiche qui vous convient au moment où vous en avez besoin.

Vous pouvez exploiter cet ouvrage de différentes manières :

- Utiliser la fiche transparente fournie et des crayons effaçables. Dans ce cas, il est possible de garder une trace du travail effectué en photographiant la production de l'enfant.
- Photocopier les pages à remplir et/ou à colorier par l'enfant.

Avide d'**échanges**, je suis toujours à l'écoute des commentaires, idées et retours que mes abonnés et lecteurs peuvent faire. N'hésitez pas à me contacter sur le groupe Facebook Val'Ortho ou sur Instagram @val_ortho17 !

Val'Ortho
(Valérie Baily)

Sommaire

Automne

PAGE	ATTENTION VISUELLE	CONSCIENCE PHONOLOGIQUE	LEXIQUE	IME	ORTHOGRAPHE	COMPRÉHENSION
10	✗					
11	✗					
12			✗			
13			✗			
14	✗		✗			
15				✗		✗
16		✗				
17		✗				
18	✗					
19	✗					
20	✗			✗		
21	✗				✗	
22			✗		✗	
23			✗		✗	
24				✗		✗
25				✗		
26				✗		
27				✗		✗
28				✗		✗
29				✗		✗
30				✗		✗
PDF 1	✗					
PDF 2	✗		✗			

Hiver

PAGE	ATTENTION VISUELLE	CONSCIENCE PHONOLOGIQUE	LEXIQUE	IME	ORTHOGRAPHE	COMPRÉHENSION
32	✗					
33	✗					
34	✗					
35	✗			✗		
36			✗			
37			✗			
38		✗				
39		✗				
40	✗				✗	
41	✗			✗		
42	✗				✗	
43			✗		✗	
44	✗		✗			
45				✗		✗
46				✗		✗
47				✗		✗
48	✗		✗			
49				✗		✗
50	✗		✗			
51				✗	✗	✗
52				✗		✗
PDF 3				✗		✗
PDF 4				✗		✗

Printemps

PAGE	ATTENTION VISUELLE	CONSCIENCE PHONOLOGIQUE	LEXIQUE	IME	ORTHOGRAPHE	COMPRÉHENSION
54	✗					
55	✗					
56			✗			
57			✗			
58	✗					
59	✗			✗		
60	✗			✗		
61			✗		✗	
62			✗		✗	
63			✗		✗	✗
64	✗		✗			
65				✗		✗
66	✗			✗		
67				✗		✗
68				✗		✗
69				✗		✗
70				✗		✗
71				✗		✗
72				✗		✗
73				✗		✗
74				✗		✗
PDF 5		✗				
PDF 6				✗	✗	✗

Été

PAGE	ATTENTION VISUELLE	CONSCIENCE PHONOLOGIQUE	LEXIQUE	IME	ORTHOGRAPHE	COMPRÉHENSION
76	✗					
77	✗					
78		✗				
79		✗				
80	✗		✗			
81				✗		✗
82	✗					
83	✗					
84	✗				✗	
85				✗		✗
86	✗				✗	
87			✗		✗	
88	✗				✗	
89				✗		✗
90	✗		✗			
91				✗		✗
92				✗		✗
93				✗		✗
94	✗			✗		
95				✗		✗
96				✗		✗
PDF 7	✗					
PDF 8				✗		✗

Consignes

OBSERVER

TROUVER
RETROUVER

MONTRER

ÉCOUTER

NOMMER

LIRE

ÉCRIRE

COMPTER

NUMÉROTER

DESSINER
COLORIER

ENTOURER

ENCADRER

BARRER

COCHER

RELIER

TEMPS LIMITÉ

Automne

Retrouve et entoure les mêmes séries que le modèle.

Trouve et relie les séries identiques.

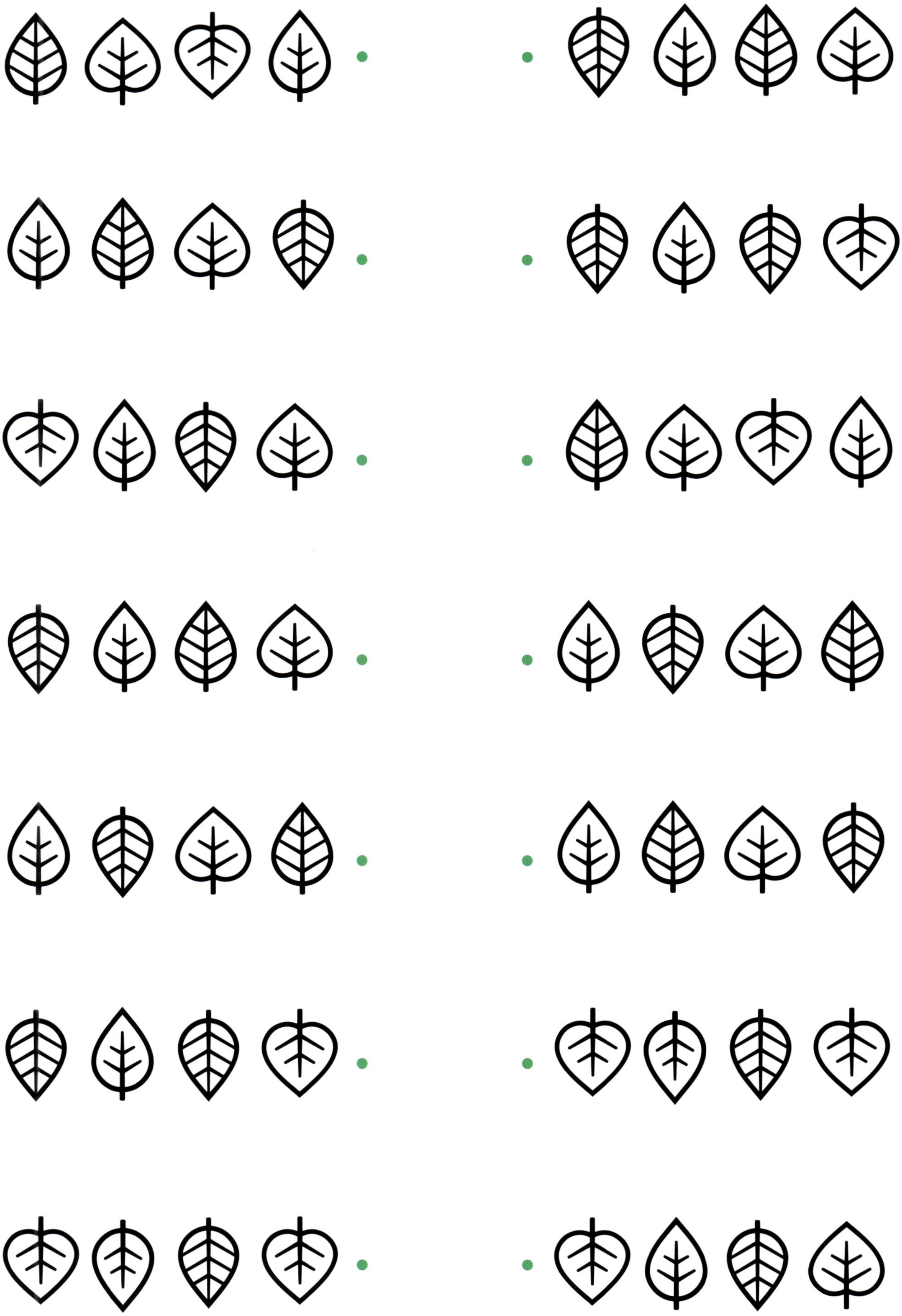

Nomme ces dessins le plus vite possible sans te tromper.

Nomme ces dessins le plus vite possible sans te tromper.

Observe bien ce dessin.

Nomme 5 fruits et légumes que l'on mange en automne.

Lis ou écoute ces groupes de mots.
Trouve les dessins correspondants
et montre-les sur l'illustration de la page de gauche.

- Un parapluie fermé.
- Tout ce qui se mange.
- Une feuille verte.
- Un lapin gris.
- Une tarte à la citrouille.
- Un joli tournesol.
- Un pot bleu.
- Une poire coupée en deux.
- Un légume orange.
- La plus grande branche de l'arbre.
- Un outil de jardinage.
- Un champignon au chapeau gris.
- Un animal de la forêt avec des piquants.
- Deux glands sur la même branche.
- Une feuille d'arbre qui n'est ni rouge ni jaune.
- Un champignon au chapeau marron.
- Une citrouille.
- Des chaussures pour sauter dans les flaques d'eau.
- Une pomme qui n'est pas rouge.
- Des gouttes de pluie.
- Un parapluie qui n'est pas fermé.

Compte les syllabes de ces mots dessinés.

Entoure-les de la bonne couleur.

Entoure les dessins avec la ou les bonnes couleurs.

Si tu entends [i]

Si tu entends [o]

Si tu entends [a]

Les autres dessins

Observe ce tableau.

Trouve et écris le code pour chaque dessin.

 → (..... , ...)

 → (..... , ...)

 → (..... , ...)

 → (..... , ...)

 → (..... , ...)

 → (..... , ...)

 → (..... , ...)

 → (..... , ...)

 → (..... , ...)

 → (..... , ...)

 → (..... , ...)

 → (..... , ...)

Observe ce tableau.

Pour chaque dessin, ☑ coche si le code proposé est Vrai ou Faux.

 (2, )

☐ Vrai
☐ Faux

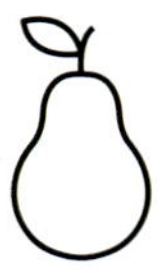 (1, )

☐ Vrai
☐ Faux

 (3, )

☐ Vrai
☐ Faux

 (2, )

☐ Vrai
☐ Faux

 (1, )

☐ Vrai
☐ Faux

 (1, )

☐ Vrai
☐ Faux

 (2, )

☐ Vrai
☐ Faux

 (1, )

☐ Vrai
☐ Faux

Lis ces lignes de dessins codés.

RÂTEAU HÉRISSON JAUNE POMME

CERF BLAIREAU RENARD ÉCUREUIL BICHE

PLUIE NUAGE FROID BRUME VENT

Écris les mots codés en respectant le code des lettres, puis lis-les.

A	S	É	L	G	R	E	I	O	M	U	N	P	C	T

Écris le plus de mots possible en rapport avec l'automne.
Aide-toi des « lettres feuilles » que tu peux utiliser plusieurs fois !

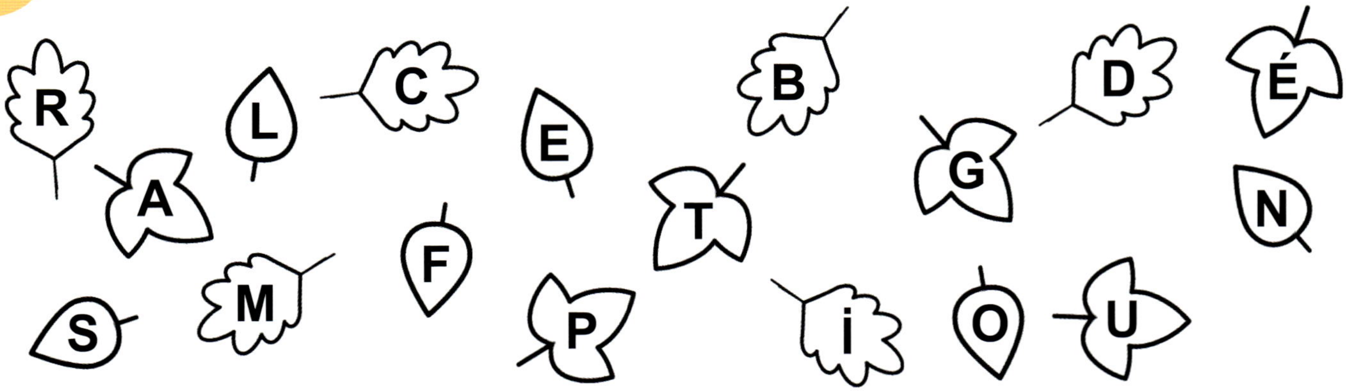

1. ....

6. ....

2. ....

7. ....

3. ....

8. ....

4. ....

9. ....

5. ....

10. ....

...

Remplis cette grille de mots illustrés.

Lis ou écoute ces phrases.

Colorie les dessins de la bonne couleur.

- Le potiron est orange.
- La noix est marron clair.
- La poire est vert clair.
- Utilise du rouge, du jaune et du orange pour colorier les feuilles.
- Le nuage est gris.
- La pomme est rouge, sa feuille est verte.
- Le chapeau du grand champignon est rouge et son pied est gris.
- Barre l'araignée avec ta couleur préférée.
- La coque des noisettes est marron foncé et leur feuillage est vert foncé.
- Les bottes sont jaunes.
- Utilise deux marron différents pour colorier la tête du cerf.
- La baie de gauche est orange et celle de droite est rouge.

Lis les mots suivants le plus rapidement possible sans te tromper.

sanglier
brume
parapluie
noisette
cerf
champignon
blaireau
octobre
anorak
raisin
nuage
brouillard
orange
feuille
pluie
écureuil
potiron
noix
poire
biche

renard
citrouille
grisaille
rouge
araignée
pomme
jaune
manteau
foulard
gland
escargot
tempête
hérisson
marron
épouvantail
corbeau
chasse
maïs
châtaigne
novembre

tempête
épouvantail
corbeau
châtaigne
novembre
chasse
escargot
marron
hérisson
pomme
jaune
renard
foulard
manteau
citrouille
grisaille
maïs
gland
rouge
araignée

Première lecture :
..... sec. le .. / .. / ....

Première lecture :
..... sec. le .. / .. / ....

Première lecture :
..... sec. le .. / .. / ....

Deuxième lecture :
..... sec. le .. / .. / ....

Deuxième lecture :
..... sec. le .. / .. / ....

Deuxième lecture :
..... sec. le .. / .. / ....

Lis les phrases suivantes le plus rapidement possible sans te tromper.

Les feuilles sont rouges.
Ce matin, il fait froid.
Il y a une biche dans la clairière.
C'est un gros sanglier.
Le renard rentre dans sa tanière.
L'écureuil a trouvé un gland.
Je porte un foulard jaune.
Il y a beaucoup de vent.
On se balade dans la forêt.
Il ramasse des champignons.
Il pleut, je prends mon parapluie.
Les feuilles d'arbres s'envolent.
Nous ramassons des marrons et des châtaignes.
Les feuilles sont multicolores.
Ils ramassent les feuilles du jardin.

Première lecture :
...... sec. le ../../....

Deuxième lecture :
...... sec. le ../../....

Lis ces phrases en les complétant avec les bons mots.

Colorie les bonnes « cases lettres ».

Écris les mots secrets de l'automne à l'aide des lettres coloriées.

J'ouvre mon parapluie lorsqu'il ….	vente	T
	pleut	R
Dans la forêt, les cerfs … pour les biches.	brament	E
	roucoulent	G
Aujourd'hui, on annonce de fortes ….	averses	N
	neiges	S
Les enfants … des champignons dans les champs.	explosent	I
	ramassent	A
Nous avons fini de récolter les pommes et le ….	pain d'épices	O
	raisin	R
Dès la fin novembre, il commence à ….	geler	D
	faire chaud	S

⟶ **Le mot secret est :** ....

Les sangliers … traversent la forêt.	sauteurs	T
	gloutons	F
L' … enterre des noisettes.	écureuil	E
	éléphant	R
L'épais … s'est levé.	brouillard	U
	brume	I
Les champignons poussent dans la ….	bois	E
	forêt	I
Il y a d' … citrouilles dans mon jardin.	énormes	L
	étranges	E
Le onzième mois de l'année, c'est ….	octobre	S
	novembre	L
D'effrayantes … tissent leur toile.	abeilles	L
	araignées	E

⟶ **Le mot secret est :** ....

Observe bien ces araignées.

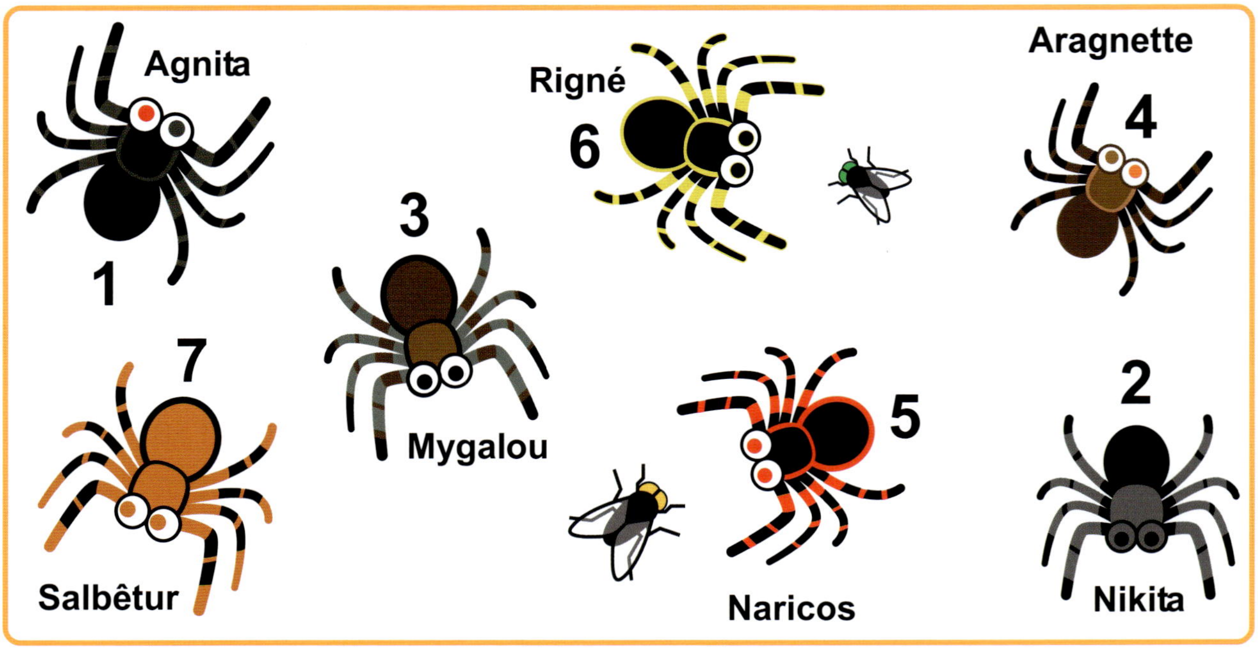

Lis les phrases. Coche-les ☑ en vert si elles sont vraies, ☑ en rouge si elles sont fausses, ☑ en noir si on ne sait pas.

- ☐ Mygalou a du gris et du marron sur son corps.
- ☐ Nikita est la sœur d'Agnita.
- ☐ Rigné possède des yeux de différentes couleurs.
- ☐ L'araignée numéro 5 se trouve derrière une mouche.
- ☐ Aragnette est la plus petite de toutes.
- ☐ Il y a plus de deux mouches dans ce vivarium.
- ☐ Une araignée dangereuse s'est sauvée et Merlin ne la retrouve pas.
- ☐ Rigné fait face à une mouche.

Réponds aux questions suivantes.

- Combien d'araignées portent un prénom de plus de deux syllabes ? .....
- Combien d'araignées ont un prénom se terminant par une voyelle ? ....
- De quelle couleur sont les yeux de Salbêtur ? ....
- Rigné a les mêmes yeux que ....
- Quel est le numéro de l'araignée qui a le prénom le plus long ? ......

Observe ces images.

Lis ou écoute ces petits textes.

Écris le numéro des images correspondantes.

☐ Sur cette image, il n’y a pas de chaudron. On peut voir un balai, un pot de confiture de citrouille et deux pommes. Il y a aussi un fantôme et une énorme citrouille.

☐ Sur cette image, il y a un balai et des feuilles d’arbres. Il n’y a pas d’araignée mais un petit fantôme qui se balade.

☐ Sur cette image, on voit un petit écureuil et une armoire vide.

☐ Alors qu’un écureuil a grimpé tout en haut de l’armoire, une araignée descend du plafond. Merlin a rangé deux baguettes magiques.

☐ Ici, Merlin a rangé son chapeau au-dessus de l’armoire.

☐ Là, Merlin a déposé deux flacons de poison au-dessus de l’armoire.

Lis ce texte le plus rapidement possible.

Ramona, la petite sorcière, se prépare pour la grande soirée costumée du 31 octobre qui aura lieu ce vendredi soir.
Son cousin Rémus l'accompagnera. Il fête ses 140 ans.
Il est donc plus âgé que Ramona qui en a vingt de moins.
La jeune sorcière a aussi invité sa copine Frida.
Celle-ci est très douée dans la préparation des potions à base de venin de serpent.
Il ne reste que deux jours à Ramona pour terminer de coudre sa splendide robe rouge fabriquée à base de toiles d'araignées et de bave de vers de terre.

Première lecture :
..... sec. le .. / .. / ....

Deuxième lecture :
..... sec. le .. / .. / ....

Réponds aux questions.

- À quelle date la soirée costumée se déroulera-t-elle ? ....
- Comment s'appelle la copine de Ramona ? ....
- Quel âge a Rémus ? ....
- Quel âge a Ramona ? ....
- De quelle couleur est la robe de Ramona ? ....
- En quoi Frida est-elle douée ? ....
- Quel jour sommes-nous quand l'histoire est racontée ? ....
- Avec quoi Ramona a-t-elle fabriqué sa robe ? ....

Hiver

Retrouve et entoure les mêmes séries que le modèle.

Retrouve et entoure les flocons de la bonne couleur.

Retrouve et entoure tous les flocons qui se trouvent entre deux skieurs.

Retrouve et entoure les bonshommes de neige qui sont suivis d'un flocon.

Observe ces 6 dessins.

Entoure-les de la bonne couleur.

Écris dans chaque cadre combien tu en as trouvés.

Lis ou écoute les mots.

Relie les séries correspondantes.

DEUX FLOCONS

UN FLOCON ET UNE LUGE

UN FLOCON ET DE LA NEIGE

UNE LUGE ET UN BONNET

UN BONNET ET UN FLOCON

DEUX BONNETS

UNE LUGE ET UN FLOCON

DE LA NEIGE ET UNE LUGE

UN BONNET ET DE LA NEIGE

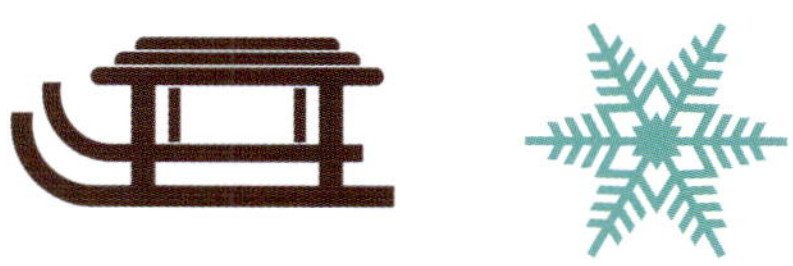

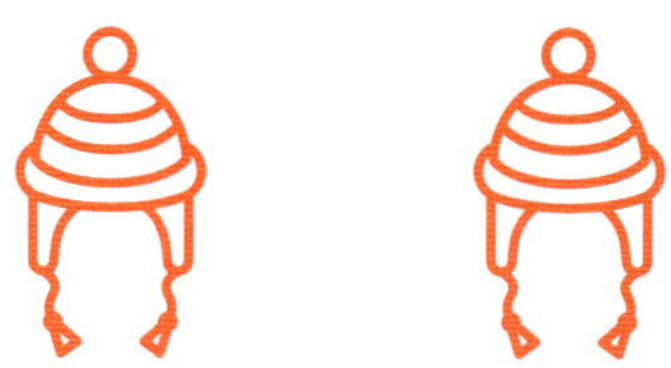

Nomme ces dessins le plus vite possible sans te tromper.

Nomme ces dessins le plus vite possible sans te tromper.

Compte les syllabes des mots dessinés.

Colorie autant de ronds qu'il y a de syllabes.

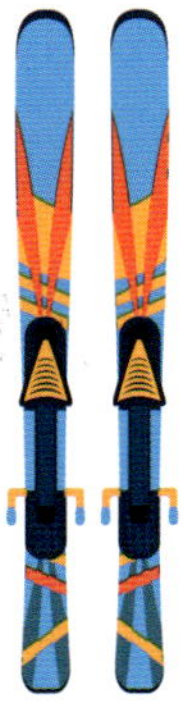

Compte les sons des mots dessinés.

Écris leur nombre dans les cadres.

Observe ce tableau.

Trouve et écris le code pour chaque dessin.

 → (. . . . . , ...)

 → (. . . . . , ...)

 → (. . . . . , ...)

 → (. . . . . , ...)

 → (. . . . . , ...)

 → (. . . . . , ...)

 → (. . . . . , ...)

 → (. . . . . , ...)

 → (. . . . . , ...)

 → (. . . . . , ...)

 → (. . . . . , ...)

 → (. . . . . , ...)

Écris le nom des dessins qui n'ont pas été codés.

. . . .

Écris les mots codés en respectant le code des lettres, puis lis-les.

✦	V	F	A	I	H	R	J	T	B	S
✧	É	O	D	N	E	M	L	C	G	U

. . . .

. . . .

. . . .

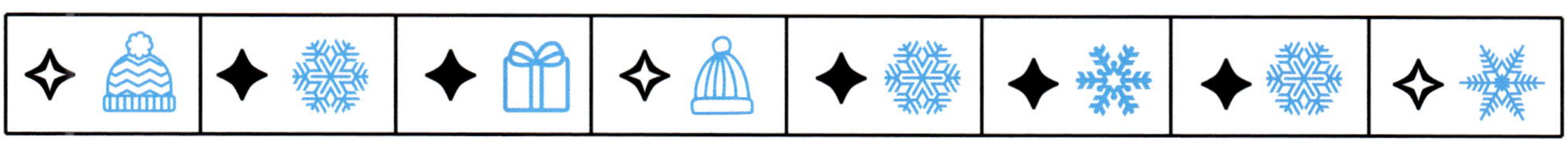

. . . .

. . . .

. . . .

Mets les lettres dans l'ordre pour former des mots et écris-les sur les pointillés.

Colorie de la même couleur les « télécabines dessins » et les « télécabines mots ».

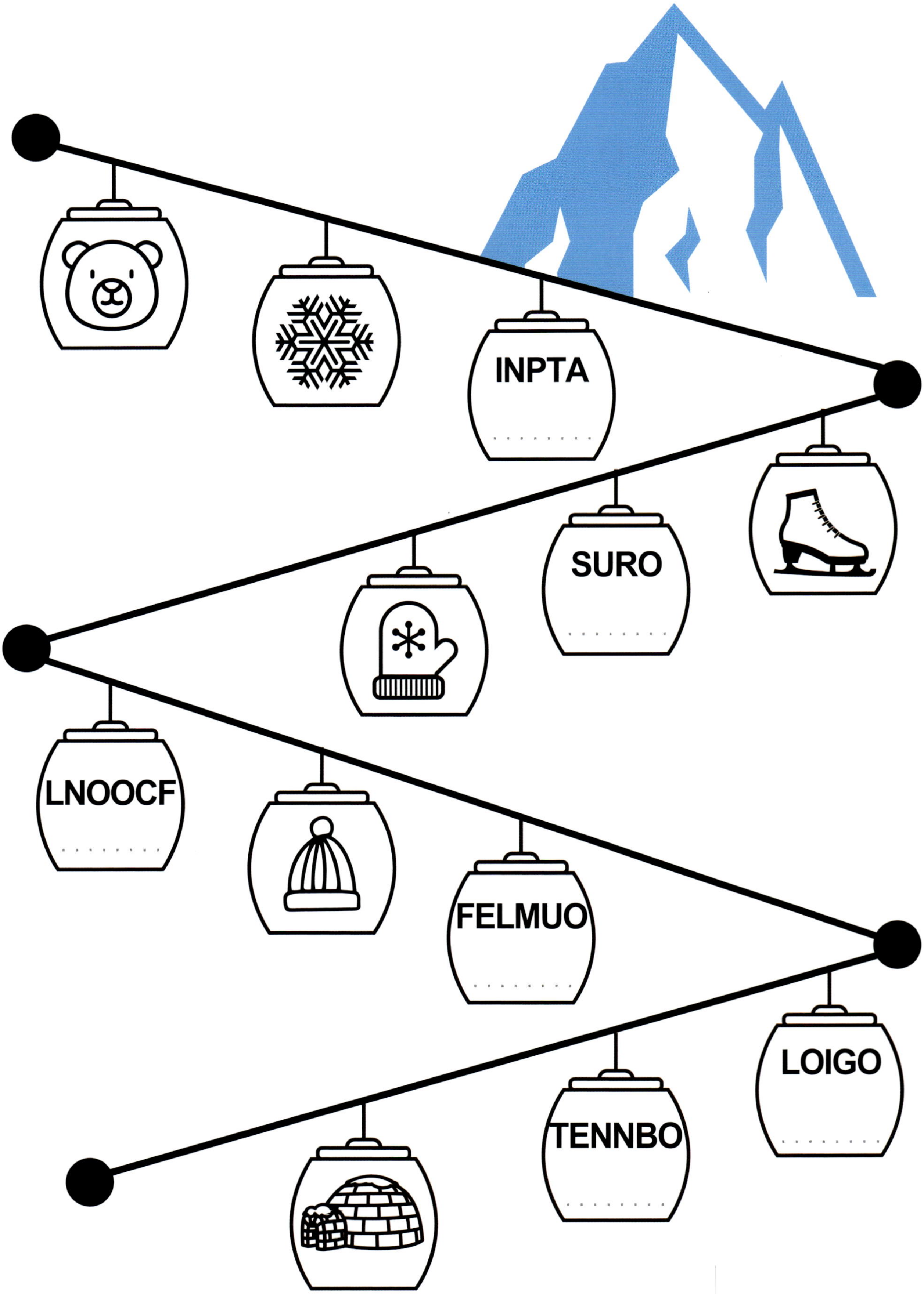

Remplis cette grille de mots illustrés.

4

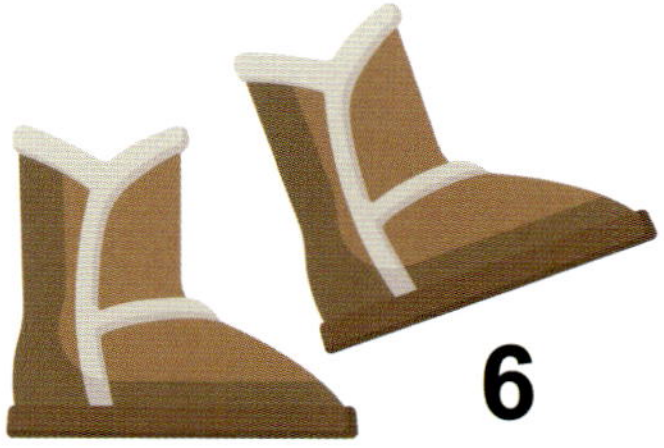
6

1

7

8

10

2

3

11

5

9

12

Observe bien ce dessin de Noël.

Nomme 5 éléments décoratifs.

Lis ou écoute ces phrases.
Colorie ou entoure les dessins de la page de gauche de la bonne couleur.

- La petite étoile est rouge.
- La boule située à gauche du sac du Père Noël est multicolore.
- Entoure en gris tous les mots « Noël ».
- Le sac de cadeaux est rouge.
- Les ampoules de la guirlande lumineuse sont jaunes.
- Le sucre d'orge est rouge et bleu.
- Entoure le grand flocon en bleu foncé.
- La tasse de chocolat chaud est orange.
- Colorie en noir les lettres qui ne forme pas le mot « Noël ».
- Le bord de la moufle est jaune et l'autre partie est rouge.
- La première lettre du mot « Noël » est verte.
- Pour le cadeau à pois, utilise tes deux couleurs préférées.
- La grande étoile est jaune.
- Pour la couronne, utilise un vert foncé et un vert clair.
- La boule sur laquelle il y a un flocon de neige est rose.
- Entoure le flocon de taille moyenne en jaune.
- La dernière lettre du mot « Noël » est bleue.
- Entoure le petit flocon avec ta couleur préférée.
- Décore le sapin comme tu le souhaites.
- Entoure le prénom en rouge.
- L'enveloppe est bleu clair.

Lis ou écoute ces phrases.

Colorie les dessins de la bonne couleur.

- Utilise ta couleur préférée pour colorier la moufle.
- Le liquide qui se trouve dans les verres est jaune.
- Dessine un nez carotte sur le visage du bonhomme de neige.
- Le blouson est bleu.
- Le ventre du manchot est jaune.
- Les crêpes sont marron clair.
- L'igloo est bleu clair.
- L'enveloppe de la Saint-Valentin est rouge.
- Utilise du bleu et du jaune pour colorier le bonnet.
- La tasse du chocolat chaud est verte.
- Le cadeau est violet.

Lis ou écoute ces phrases.

Écris le numéro de l'image qui correspond.

1.

2.

3.

- ☐ Il y a deux flocons identiques.
- ☐ Il y a quatre mots.
- ☐ Le patineur s'élance vers la gauche.
- ☐ Il y a trois fois le même arbre.
- ☐ On y trouve un mot de 6 lettres.
- ☐ Où se trouve la maison de glace ?
- ☐ Il y a un mot écrit verticalement.
- ☐ Il n'y a pas de skis.
- ☐ C'est le premier mois de l'année.
- ☐ Il y a un animal.
- ☐ On a envie d'en boire pour se réchauffer !

Observe attentivement cette maison.

Nomme tout ce qui est comestible.

Lis ou écoute ces phrases.

Colorie les dessins de la page de gauche de la bonne couleur et écris ce qui t'est demandé.

- Le cœur qui se trouve dans le toit est rouge.
- Les ballons de la quatrième pièce de la maison sont multicolores.
- La dernière lettre du mot « AMOUR » est rose.
- Les cœurs qui se trouvent sur l'emballage de chocolat sont bleus.
- Écris ton prénom dans le cadre de la troisième pièce.
- Le ruban du cadeau en forme de cœur est jaune.
- Utilise deux bruns différents pour colorier l'ourson.
- Dans la première pièce, colorie l'oiseau de gauche en gris.
- Le cœur de la clé est violet.
- L'enveloppe est bleu clair.
- Les lettres qui forment le troisième son du mot « AMOUR » sont vertes.
- L'emballage du cadeau est rose clair.
- Le bonbon est bleu et jaune.
- Dans la première pièce, l'oiseau de droite est orange.
- Les bonbons du sachet sont rouges et roses.
- Le chocolat est marron clair et son emballage est rouge.
- La seconde lettre du mot « AMOUR » est violette.
- Il y a de la grenadine dans les verres et dans la bouteille.
- La crème du gâteau est au chocolat.
- Écris le mot « AMOUR » à l'envers dans le cadre de la deuxième pièce.
- La boîte à cadeau en forme de cœur est orange.

Observe bien ce dessin de carnaval.

Nomme tout ce qui peut faire du bruit

Lis ou écoute ces phrases.

Regarde bien le dessin de gauche et coche-les ☑ en vert si elles sont vraies, ☑ en rouge si elles sont fausses.

- ☐ Il y a un cœur sur l'étiquette de la bouteille.
- ☐ Il y a un seul instrument de musique.
- ☐ Les plumes sont de couleurs différentes.
- ☐ Il y a une personne sous le parasol.
- ☐ On trouve deux étoiles sur les verres des lunettes.
- ☐ L'appareil photo n'est pas rouge.
- ☐ Il n'y a qu'une seule coupe de champagne.
- ☐ À gauche de la bouche, il y a une chaussure d'homme.
- ☐ Il y a une couronne à l'intérieur du grand cœur vert.
- ☐ Sur la glace, les trois boules n'ont pas le même parfum.
- ☐ La trompette n'est pas jaune.

Trouve sur le dessin de carnaval et écris :

- Un mot de deux syllabes qui commence par la 2e lettre de l'alphabet :

. . . .

- Deux mots qui riment avec « bateau » : . . . .

- Deux mots qui commencent par « m » : . . . .

- Un mot qui se termine par « r » : . . . .

- Un mot contenant le son « ch » : . . . .

- Le nom de deux choses qui se mangent : . . . .

- Le nom d'une partie du visage : . . . .

- Le nom de la partie d'un oiseau : . . . .

- Le nom d'un bijou : . . . .

Lis ce texte le plus rapidement possible.

Cette première semaine de janvier est fantastique ! Il a neigé jour et nuit. Ce sont les vacances et les enfants sont heureux. Marius et Romy habitent le même immeuble et ils s'amusent tous les après-midi dans la poudreuse tombée dans le jardin commun de l'habitation.
Aujourd'hui, Romy a apporté le chapeau de son grand-père et l'écharpe multicolore de sa petite sœur. De son côté, Marius a amené une grosse carotte et cinq billes noires de la collection de son grand frère.
En les observant de leur balcon, Léa et ses frères jumeaux sont allés les rejoindre pour jouer.

Première lecture :	Deuxième lecture :
..... sec. le .. / .. /	..... sec. le .. / .. / ....

Réponds aux questions.

- Quel mois se déroule cette histoire ? ....
- Comment s'appelle la voisine de Marius ? ....
- À quel moment de la journée, les enfants s'amusent-ils ? ....
- À qui appartiennent les billes ? ....
- Qui apporte la carotte ? ....
- Que vont faire les enfants ? ....
- Quelle est la météo depuis une semaine ? ....
- À la fin de l'histoire, combien y a-t-il d'enfants dehors ? ....

Printemps

Retrouve et entoure les mêmes séries que le modèle.

Retrouve et entoure les mêmes séries que le modèle.

Nomme les dessins le plus vite possible sans te tromper.

Nomme les dessins le plus vite possible sans te tromper.

Trouve et écris le code de ces moineaux.

1 2 3 4

A E O U

 → (. . . . . , ...)

 → (. . . . . , ...)

 → (. . . . . , ...)

 → (. . . . . , ...)

 → (. . . . . , ...)

 → (. . . . . , ...)

 → (. . . . . , ...)

 → (. . . . . , ...)

 → (. . . . . , ...)

 → (. . . . . , ...)

 → (. . . . . , ...)

 → (. . . . . , ...)

 → (. . . . . , ...)

 → (. . . . . , ...)

 → (. . . . . , ...)

 → (. . . . . , ...)

Lis ces lignes de dessins codés.

oiseau **tulipe** **jonquille** **pelouse**

nid **fleurs** **crocus** **avril** **gazon**

pluie **giboulée** **bourgeon** **mai** **muguet**

Observe bien ce tableau.

Écris les mots codés dans l'ordre indiqué pour faire des phrases, puis lis-les.

	1.	2.	3.	4.	5.	6.
✿	fourmi	la	jonquilles	dans	ciel	grignote
✸	l'	sur	il	noire	une	tulipe
❀	volent	graines	picore	a	coccinelles	des
❋	y	le	les	jardin	feuille	oiseau

✸ 3. ❋ 1. ❀ 4. ✸ 5. ✿ 1. ✸ 2. ✿ 2. ❋ 5.

. . . .

✿ 2. ✿ 1. ✸ 4. ✿ 6. ✸ 5. ❋ 5.

. . . .

❋ 3. ❀ 5. ❀ 1. ✿ 4. ❋ 2. ✿ 5.

. . . .

✸ 3. ❋ 1. ❀ 4. ❀ 6. ✿ 3. ✿ 4. ❋ 2. ❋ 4.

. . . .

✸ 1. ❋ 6. ❀ 3. ❀ 6. ❀ 2.

. . . .

✸ 3. ❋ 1. ❀ 4. ❀ 6. ❀ 5. ✸ 2. ✿ 2. ✸ 6.

. . . .

Écris le plus de mots possible en rapport avec le printemps. Aide-toi des « lettres coccinelles » que tu peux utiliser plusieurs fois !

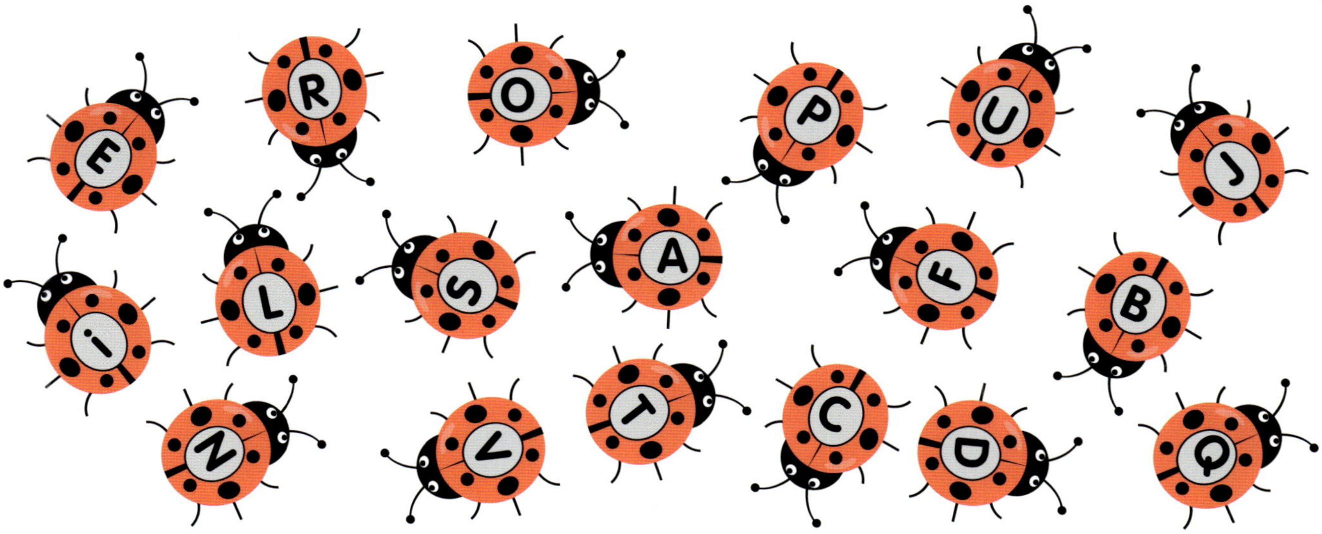

1. ....

2. ....

3. ....

4. ....

5. ....

6. ....

7. ....

8. ....

9. ....

10. ....

...

Remplis cette grille de mots illustrés.

Observe bien ce dessin.

Lis ou écoute ces phrases.

Écris de qui ou de quoi elles parlent.

- C'est un objet utile au jardin. Il est jaune. ....
- Elles fabriquent le miel. ....
- Elle vient de terminer de rempoter des tulipes jaunes. ....
- Aujourd'hui, il brille dans le ciel. ....
- Elle a un oiseau sur la tête. ....
- Il place les bonnes étiquettes. ....
- Elle a de la terre dans la main. ....
- Il a quatre ailes bleues. ....
- Il s'est posé sur le sac de terre. ....
- Il pourrait cacher le soleil. ....
- Il possède un pelage roux et quatre pattes. ....
- Elles sont noires et jaunes. ....
- Elle n'a pas les cheveux noirs. ....
- Elle coasse et se déplace en sautant. ....

Observe bien cette maison.

Nomme tout ce qui est vivant.

Lis ou écoute ces phrases.

Colorie, écris ou entoure de la bonne couleur les dessins de la page de gauche.

- Le papillon de la pièce n° 4 est orange.
- L'arrosoir est rouge.
- Le nuage qui cache le soleil est bleu foncé.
- La coquille de l'escargot est marron clair.
- Écris ton prénom dans le cadre de la pièce n° 4.
- La tulipe avec deux feuilles est jaune. Les autres sont rouges.
- Les gouttes de pluie de la pièce n° 2 sont bleues.
- Entoure les coccinelles avec ta couleur préférée.
- Le petit trèfle à quatre feuilles est vert clair.
- Utilise quatre couleurs différentes pour colorier le nain de jardin.
- Les trois œufs qui se trouvent dans le nid sont gris.
- Les lapins du grenier ont des oreilles roses.
- Les fleurs se trouvant dans le panier sont violettes.
- Colorie toutes les voyelles du mot « PRINTEMPS » en orange.
- Le soleil est jaune et l'autre nuage est gris.
- Le nœud de l'œuf qui se trouve dans la pièce n° 3 est rose.
- Écris ton âge dans le cadre à gauche du trèfle.
- Le lapin du milieu a une tête marron.
- Le petit poussin est jaune.
- L'œuf lapin de la pièce n° 2 est multicolore.
- Le plus petit papillon est violet.
- Le gros trèfle à quatre feuilles est vert foncé.
- Le bateau en papier est jaune.

Lis ces mots.

○ 3 x verdure	○ 2 x jonquille	○ 1 x bourgeon
○ 2 x pelouse	○ 3 x tulipe	○ 4 x lapin
○ 4 x oiseau	○ 3 x crocus	○ 3 x fleurs
○ 1 x avril	○ 1 x muguet	○ 5 x nid

Entoure-les ci-dessous en variant les couleurs.

Coche les ronds quand tu as trouvé le nombre de mots indiqué.

jonquille mai lapin oiseau crocus

lapin fleurs tulipe nid

tulipe pelouse muguet verdure

oiseau nid avril

bourgeon nid oie lapin

verdure pelouse tulipe

crocus jeudi oiseau

fleurs gazon nid

jonquille verdure fleurs

nid crocus lapin oiseau

Lis ou écoute ces phrases.

Modifie les dessins comme demandé.

- La botte de gauche est jaune et l'autre est bleue.
- Dans les hautes herbes, il y a des œufs marron clair.
- La coquille de l'escargot est grise.
- L'arrosoir est rouge.
- La fleur qui se trouve entre une barrière et un papillon est rose.
- Dans le cadre sous les œufs, écris ton prénom à l'envers.
- Le grand papillon est orange.
- Le manche de la petite pelle est marron.
- Le nœud du panier est violet.
- Ajoute trois moustaches de chaque côté du lapin.
- Le papillon de taille moyenne est jaune.
- Le grand œuf est rose.
- Entoure la lettre de l'alphabet en bleu et le chiffre en jaune.
- La fleur sous l'arrosoir est jaune.
- Le petit papillon est violet.

Lis ou écoute ces phrases.

Souligne celles qui correspondent bien au dessin.

- Les deux lutins portent un prénom qui commence par la même lettre.
- Simon ne porte que la moustache.
- Il y a plus d'un papillon sur cette illustration.
- Sophia tient un arrosoir dans sa main droite.
- Toutes les fleurs sont de la même couleur.
- Les deux lutins portent un chapeau de couleur différente.
- Les papillons et les abeilles butinent de fleur en fleur.
- Il y a autant de fleurs que de papillons.
- Le soleil n'est pas entièrement caché par des nuages.
- Le papillon qui vole entre les deux lutins est rose.
- Simon et Sophia semblent bien heureux.
- Sophia est plus grande que son ami Simon.

Observe bien ces oiseaux.

Lis ou écoute ces phrases.

Écris le numéro du ou des dessins correspondants à la fin de chaque phrase.

- C'est un oiseau qui regarde vers la gauche. ....
- Il n'a pas les yeux noirs. ....
- Sa queue n'est pas rose. ....
- Son bec est noir. ....
- Il n'a pas les ailes vertes. ....
- C'est un oiseau qui regarde vers la droite. ....
- Cet oiseau a les yeux bleus. ....
- Son ventre est jaune. ....
- Il ne possède pas de tache sur les ailes. ....
- Sa queue est jaune. ....
- Sa tête est rose. ....
- Il n'y a aucune tache sur sa tête. ....
- Il possède six taches sur son aile. ....
- Son bec n'est pas noir. ....
- Son ventre n'est pas bleu. ....
- Sa tête n'est ni rose ni jaune. ....

Observe bien ces insectes.

Lis ou écoute ces phrases. Coche-les :

☑ en vert si elles sont vraies, ☑ en rouge si elles sont fausses,

☑ en noir si on ne sait pas.

☐ Sautrilou tourne le dos à Frouni.

☐ Colinel possède plus de pattes que Mouchita.

☐ Abili vient de repérer une très jolie fleur.

☐ Chenouil adore dévorer des feuilles bien tendres.

☐ Pipalon se transformera bientôt en chenille.

☐ C'est la première fois que Frouni sort de la fourmilière.

Écris les bonnes réponses.

- Combien y a-t-il d'insectes qui portent un nom commençant par une voyelle ? . . . .
- De quelle couleur sont les ailes de l'insecte n° 4 ? . . . .
- Chenouil est de la même couleur que . . . .
- Comment écrit-on le nom de l'insecte n° 2 à l'envers ? . . . .

Observe bien ces poussins. Il n'en restera qu'un !

Lis ou écoute ces phrases.

Coche les poussins qui correspondent aux descriptions.

Entoure celui qui reste : c'est le poussin le plus adorable !

- Le poussin le plus adorable ne fait pas de clin d'œil.
- Le poussin que nous cherchons ne se dirige pas vers la gauche.
- Le petit poulet qui nous intéresse n'est plus assis dans sa coquille.
- Le poussin le plus adorable ne porte pas de chapeau en forme de coquille.
- La petite volaille n'est pas encore assez forte pour porter un œuf.
- Celui que nous cherchons tient parfaitement bien sur une patte.

Le poussin le plus adorable est : . . . .

Lis ou écoute ces phrases. Coche-les :

✓ en vert si elles sont vraies, ✓ en rouge si elles sont fausses.

- ☐ Scoty est encore enfermé dans sa coquille.
- ☐ Dany est sorti de sa coquille.
- ☐ On peut voir les pieds de Rosi.
- ☐ Kimy regarde Dany.
- ☐ Sami est entre Billy et Dany.

Lis ces phrases en les complétant avec les bons mots.

Colorie les bonnes « cases lettres ».

Écris les mots secrets du printemps à l'aide des lettres coloriées.

J'ai donné à manger aux ...	oiseaux	F
	avions	P
Le ... travaille dans le jardin.	jardinage	T
	jardinier	L
Le voisin est en train de ... le gazon.	tondre	E
	tondeuse	U
Le jardinier a semé des graines de salade dans le	hirondelle	R
	potager	U
Les ... sont sortis de leur coquille.	poules	T
	poussins	R

→ **Le mot secret est :** ....

Les enfants ... des fleurs.	mangent	T
	cueillent	G
Au printemps, la ... est bien verte.	pelouse	R
	gazon	O
Dans mon jardin, il y a des ... jaunes et rouges.	tulipes	A
	courgettes	I
Il pleut ! Les ... de pluie sont gris.	parapluies	U
	nuages	I
Le moineau ... dans le ciel.	court	L
	vole	N
Le jardinier a rempli son	arrosoir	E
	rateau	S
J'observe deux petits ... qui sortent de leur coquille.	moutons	O
	escargots	S

→ **Le mot secret est :** ....

Lis ou écoute ces mini-histoires du printemps. Remets-les dans l'ordre chronologique en numérotant les phrases.

- [ ] Le jardinier prépare ses outils.
- [ ] Le jardinier achète des sacs de graines.
- [ ] Le jardinier arrose le terreau.
- [ ] Le jardinier dépose quelques graines dans la tranchée.

- [ ] Le nid est prêt.
- [ ] Les oisillons réclament à manger.
- [ ] La mésange va chercher des brindilles.
- [ ] La mésange a pondu quatre œufs.

- [ ] Le voisin emmène le gazon coupé à la déchèterie.
- [ ] Le voisin tond la pelouse.
- [ ] Le voisin sort la tondeuse du garage.
- [ ] Le voisin nettoie la tondeuse avant de la ranger.

- [ ] Les enfants ont les joues toutes rouges.
- [ ] Les enfants enfilent leur imperméable.
- [ ] Les enfants se poussent sur la balançoire.
- [ ] Les enfants rentrent manger leur goûter.

Lis ce texte le plus rapidement possible.

Nous sommes le 29 avril. Le soleil brille, mais il y a aussi de gros nuages gris. Monia et Jules décident d'aller jouer dans le jardin.
Ils enfilent leur imperméable et leurs bottes en caoutchouc.
La pelouse est encore mouillée.
Sur une des branches du cerisier, il y a deux mésanges et un rouge-gorge qui semblent avoir une conversation sérieuse.
Dans la haie, au fond du jardin, quelques merles chantent à tue-tête.
Trois escargots avancent vers le potager dans l'espoir de trouver quelques jeunes salades bien croquantes.
Au printemps, la nature se réveille. Les bourgeons s'ouvrent, les oiseaux fabriquent leur nid et les fleurs amènent de belles touches de couleur dans le jardin.
À la fin de la journée, Monia et son frère sont heureux d'avoir passé du temps à l'extérieur. Ils ont les joues bien rouges !

Première lecture :
. . . . sec. le . . / . . / . . .

Deuxième lecture :
. . . . sec. le . . / . . / . . .

Écris les bonnes réponses.

- Quelle date sommes-nous ? . . . .
- Comment s'appelle la sœur de Jules ? . . . .
- De quel arbre parle-t-on ? . . . .
- Qu'est-ce qu'un rouge-gorge ? . . . .
- Combien y a-t-il d'escargots ? . . . .
- Comment chantent les merles ? . . . .
- Que fabriquent les oiseaux au printemps ? . . . .
- De quelle couleur sont les joues des enfants ? . . . .

Été

Retrouve et entoure les mêmes séries que le modèle.

Trouve et entoure les glaces entre deux boissons.

Barre toutes les glaces suivies par un fruit.

Nomme ces dessins le plus vite possible sans te tromper.

Nomme ces dessins le plus vite possible sans te tromper.

Observe bien ce dessin de l'été.

Nomme les activités que tu vois.

Lis ou écoute ces groupes de mots.
Trouve les dessins correspondants
et montre-les sur la page de gauche.

- Un arbre qui n'est pas un sapin.
- Un moyen de transport à deux roues.
- De la nourriture que l'on peut griller sur le barbecue.
- Un instrument de musique.
- Quelque chose qui brille dans le ciel pendant la journée.
- Un animal qui se pêche.
- Un objet qui coupe.
- Un moyen de transport qui vole et qui possède des moteurs.
- Une habitation en bois.
- Une chose avec laquelle on allume le feu.
- Quelque chose qui est chaud.
- Un aliment qui se ramasse dans les bois.
- Ce dont on se sert pour manger.
- Une chose qui flotte sur l'eau.
- Quelque chose qui s'envole dans les airs.
- Une chose en tissu sous laquelle on peut dormir en vacances.
- La trace d'un animal.
- La chose qui tombe de l'arbre quand l'été est terminé.
- La chose sur laquelle on fait griller la viande.
- Un arbre avec des aiguilles.
- Quelque chose qui se porte sur le dos.

Compte les syllabes de ces mots dessinés.

Entoure-les de la bonne couleur.

1 X

2 X

3 X

Compte les syllabes de ces mots dessinés.

Colorie autant de ronds qu'il y a de syllabes.

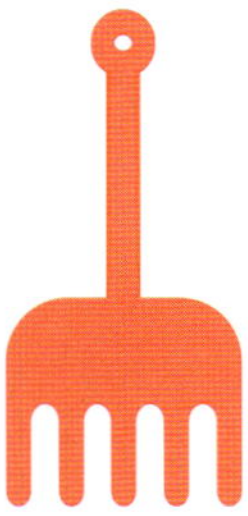

Observe ce tableau.

Trouve et écris le code pour chaque dessin.

	3	S	5	E	2
iro					
ori					
ila					

 → (. . . . . . . , ...)

 → (. . . . . . . , ...)

 → (. . . . . . . , ...)

 → (. . . . . . . , ...)

 → (. . . . . . . , ...)

 → (. . . . . . . , ...)

 → (. . . . . . . , ...)

 → (. . . . . . . , ...)

 → (. . . . . . . , ...)

 → (. . . . . . . , ...)

 → (. . . . . . . , ...)

 → (. . . . . . . , ...)

Écris le nom des dessins non codés.

. . . .

Observe bien ce tableau.

1	piscine	claquettes	chaleur	août
2	groseille	glace	orage	barbecue
3	juillet	maillot	vacances	framboise

Lis ou écoute ces phrases. Coche-les :

en vert si elles sont vraies, en rouge si elles sont fausses.

- ☐ Le dessert glacé se trouve dans la colonne du soleil.
- ☐ Le dernier mot de la première ligne commence par une voyelle.
- ☐ Le code de la piscine est (1,).
- ☐ Le mot le plus court se trouve en (1,).
- ☐ Dans cette grille, on peut trouver le septième mois de l'année.
- ☐ Il y a deux mots de neuf lettres.
- ☐ Trois mots commencent par une voyelle.
- ☐ Il y a une sorte de chaussures dans cette grille.
- ☐ Un vêtement s'est glissé dans la colonne de la glace.
- ☐ Le mot placé en (3,) est un vêtement.
- ☐ Au-dessus d'un mois de l'année on trouve le nom d'un fruit rouge.
- ☐ Le mot placé en (2,) est composé de six lettres.
- ☐ Dans cette grille, le nom de la saison n'est pas inscrit.

Écris les mots codés en respectant le code des lettres, puis lis-les.

A	E	I	O	U	R	L	S	G	M	B	N	P	CH	T

Remplis cette grille de mots illustrés.

Retrouve tous ces mots dans la grille.

Barre-les au fur et à mesure en variant les couleurs.

abricot	glace	pastèque
barbecue	maillot	piscine
bouée	melon	sandale
camping	moustique	soleil
cerise	orage	vacances
chaleur	parasol	valise

	S	É	P	A	S	T	È	Q	U	E	S
C	A	M	P	I	N	G	S	T		O	L
E	N	È	B	O	U	É	E	G	A	C	M
R	D		A	É	S	T	Q	U	B	H	O
B	A	R	B	E	C	U	E	C	R	A	U
	L	C	E	R	I	S	E	V	I	L	S
M	E	L	O	N	R	G	L	A	C	E	T
O	P	A	R	A	S	O	L	L	O	U	I
R	M	A	I	L	L	O	T	I	T	R	Q
A	P	I	S	C	I	N	E	S	È	Q	U
G	A	V	A	C	A	N	C	E	S	E	E
E	S		M	A	S	O	L	E	I	L	T

Observe ce tableau.

Modifie-le comme demandé.

- En jaune, barre la personne qui fait de la plongée.
- Avec la même couleur, colorie ce qui brille dans le ciel.
- Barre en rouge ce que l'on peut cuire sur le barbecue.
- Le ballon de plage est multicolore.
- Le chapeau est marron clair et le ruban est bleu.
- Dans le verre, il y a de la grenadine.
- Entoure en vert le garçon qui fait de la trottinette.
- Les étiquettes de la valise sont rouges et bleues.
- Les chaussures de plage sont orange.
- Colorie la bouée canard avec la couleur de ton choix.
- Le parasol est jaune et bleu.
- Écris ton âge sur le tee-shirt.
- Utilise les bonnes couleurs pour colorier le tournesol.

Observe bien cette armoire de l'été.

Nomme tout ce qui se mange ou se boit.

Lis ou écoute ces phrases.

Modifie le dessin de la page de gauche comme demandé.

- La bouée en forme de canard est jaune.
- Utilise trois couleurs différentes pour colorier le parasol.
- Le cornet de glace est marron clair.
- Le short est bleu.
- La fraise est de la bonne couleur.
- Remplis la bouteille en haut de l'armoire avec de l'eau.
- La casquette est orange.
- Entoure en rose les voyelles du mot « juillet ».
- Colorie les lettres du mot « soleil » en jaune.
- Écris ton prénom sous l'armoire.
- Entoure le mot indiquant la saison en vert clair.
- Le tee-shirt est violet.
- L'autre bouée est rose et bleue.
- Écris ton nom de famille au-dessus de l'armoire à droite de la valise.
- Il y a un citron vert dans le tiroir de droite.
- Le ballon de plage est orange et bleu.
- Le parfum de la boule sur le cornet est la pistache.
- La note de musique est rouge.
- Souligne en bleu le mot avec deux « i » dans son nom.
- Colorie le verre de grenadine avec les bonnes couleurs.

Observe bien ces enfants.

1	2	3	4	5	6

Lisa	Léon	Valentina	Assia	Rémy	Mia

Lis ou écoute ces phrases. Coche-les :
en vert si elles sont vraies, en rouge si elles sont fausses,
en noir si on ne sait pas.

☐ Valentina croque à pleines dents dans une bonne glace.

☐ Rémy a les yeux bleus.

☐ Toutes les filles portent des chapeaux.

☐ Léon a oublié sa casquette sur la plage.

☐ Mia porte les lunettes de soleil de sa grande sœur.

☐ L'enfant n° 4 possède un prénom qui commence et se termine par la même lettre.

☐ Le prénom de la fille à lunettes est le plus long.

☐ Lisa et Léon proviennent du même village.

☐ Trois filles portent des robes.

☐ Le maillot de Léon n'est pas vert.

☐ Mia n'aime pas manger de la pastèque.

Observe bien ces valises.

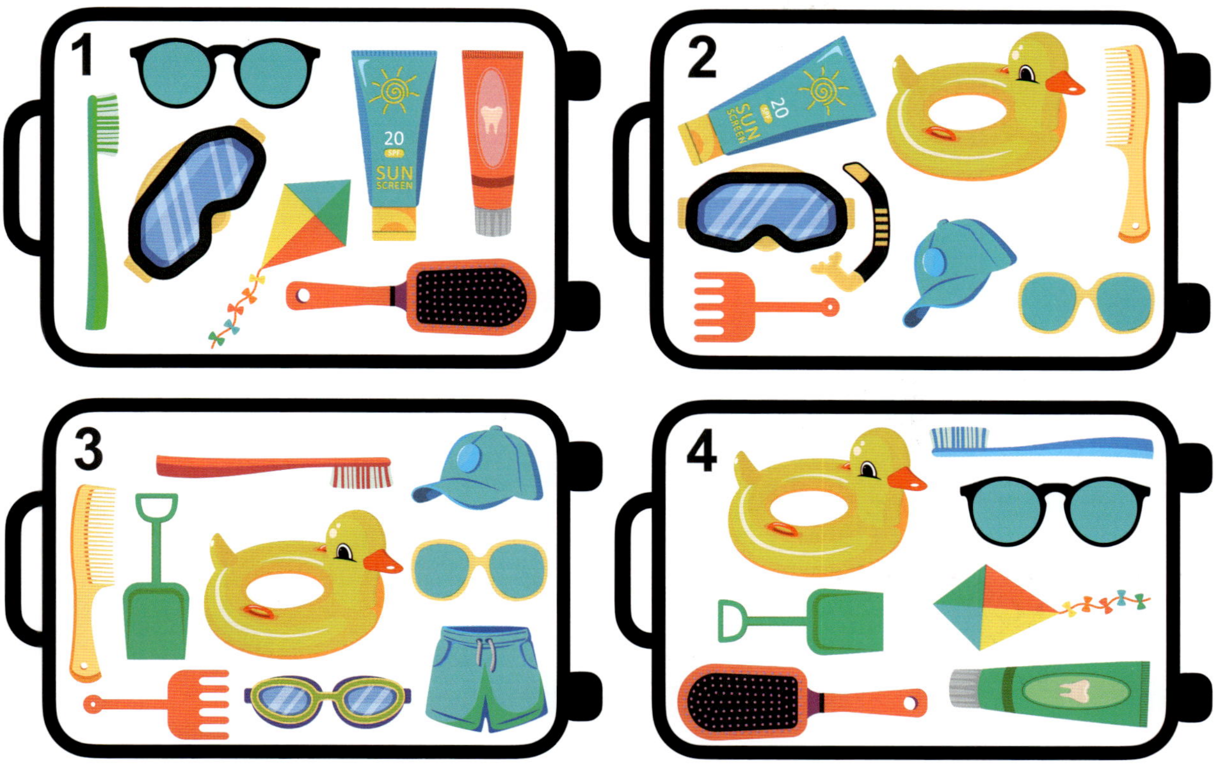

Lis ou écoute ces phrases.

Écris le numéro de la valise qui correspond.

☐ Il y a un peigne mais pas de short.

☐ Il y a des lunettes, un masque de plongée mais pas de tuba.

☐ Il y a une bouée et un cerf-volant.

☐ Il y a une brosse à dents et de la crème solaire.

☐ Il y a un peigne, une casquette et des lunettes de piscine.

☐ Il y a un cerf-volant, une brosse à dents mais pas de bouée.

☐ Il y a une pelle verte, du dentifrice et un cerf-volant.

☐ Il y a des lunettes de soleil jaunes, un peigne et de la crème solaire.

Observe bien cette affiche.

Lis le menu trois fois de suite le plus vite possible.

Réponds aux questions.

- Combien coûte la place au pique-nique ? .... €
- Peut-on y boire un café ? ....
- Où se déroule le pique-nique ? ....
- Avant quelle date doit-on réserver ? ....
- Quel légume à la vinaigrette pourra-t-on manger ? ....
- Quelle sorte de viande y aura-t-il sur les brochettes ? ....
- Quelle est l'attraction où les enfants pourront se détendre ? ......
....
- Peut-on y manger une portion de frites ? ....
- Avec quoi sont préparés les tomates et les concombres ?
....

Lis ou écoute ces phrases. Coche-les :
en vert si elles sont vraies, en rouge si elles sont fausses.

- ☐ La fête du 10 juillet se passera dans un parc.
- ☐ Il y a autant d'abeilles que de soleils.
- ☐ C'est un pique-nique en plein air.
- ☐ On pourra s'amuser dans le château gonflable.
- ☐ Sur cette affiche, on compte sept abeilles.
- ☐ Ce pique-nique se déroule le 11 juillet à partir de 10 heures.
- ☐ Lors de ce pique-nique, une tombola est organisée.
- ☐ Ce 10 juillet, on pourra manger des spaghettis à la bolognaise.
- ☐ Il y a la possibilité de boire trois boissons différentes.
- ☐ Il faut réserver pour participer à ce pique-nique.

Lis les phrases.

Colorie les bonnes « cases lettres ».

Écris les mots secrets de l'été à l'aide des lettres coloriées.

Les enfants … dans la piscine.	plongent	M
	plonges	Z
Cet été, il fait vraiment très … .	chaud	A
	glacial	B
Il ramasse des … sur la plage.	coquillages	I
	coquillage	V
Tous les soirs, il arrose les … du jardin.	légume	R
	légumes	L
Durant les vacances, l'… est fermée.	école	L
	aventure	T
Elle a préparé une salade de … .	fruit	U
	fruits	O
Paolo … dans le jardin avec ses amis.	joue	T
	jouent	S

⟶ **Le mot secret est :** ....

Tu … une bonne glace au chocolat.	dégustes	M
	déguste	P
Il met un … dans son verre de limonade.	glaçon	E
	glaçons	A
Toute la famille part en vacances en … .	italie	Q
	Italie	L
Ce matin, nous … sur la terrasse.	déjeunes	U
	déjeunons	O
Cet été, nous partirons en vacances au mois de … .	juillet	N
	mai	I

⟶ **Le mot secret est :** ....